* 9 7 8 9 6 5 9 2 8 6 7 0 6 *

”الكرة الارضية، كأنها بنت الشمس، ما هي الا نقطة صغيرة في الفضاء اللامتناهي، لكن بالنسبة الينا الارض هي ايضا أُمّ كل شيء حي ومقر البشرية، لذلك فأنها من اهم الاجرام السماوية بالنسبة لنا، ومن أجل دراسة واستكشاف كوكب الارض جاءت عُلوم الجيولوجيا.“

البروفيسور يهودا ليو بيكارد

مؤسس المسح الجيولوجي لإسرائيل ومعهد علوم الأرض في الجامعة العبرية في القدس

هذه هي الأرض.

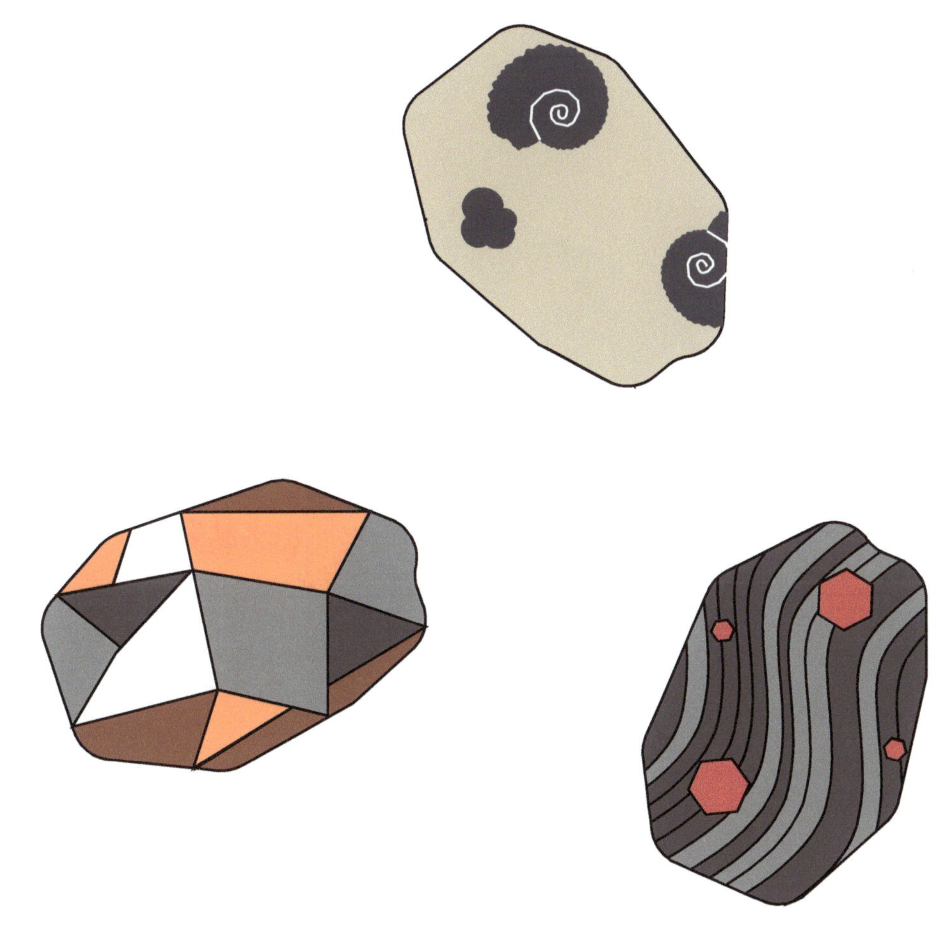

هذه صخور.

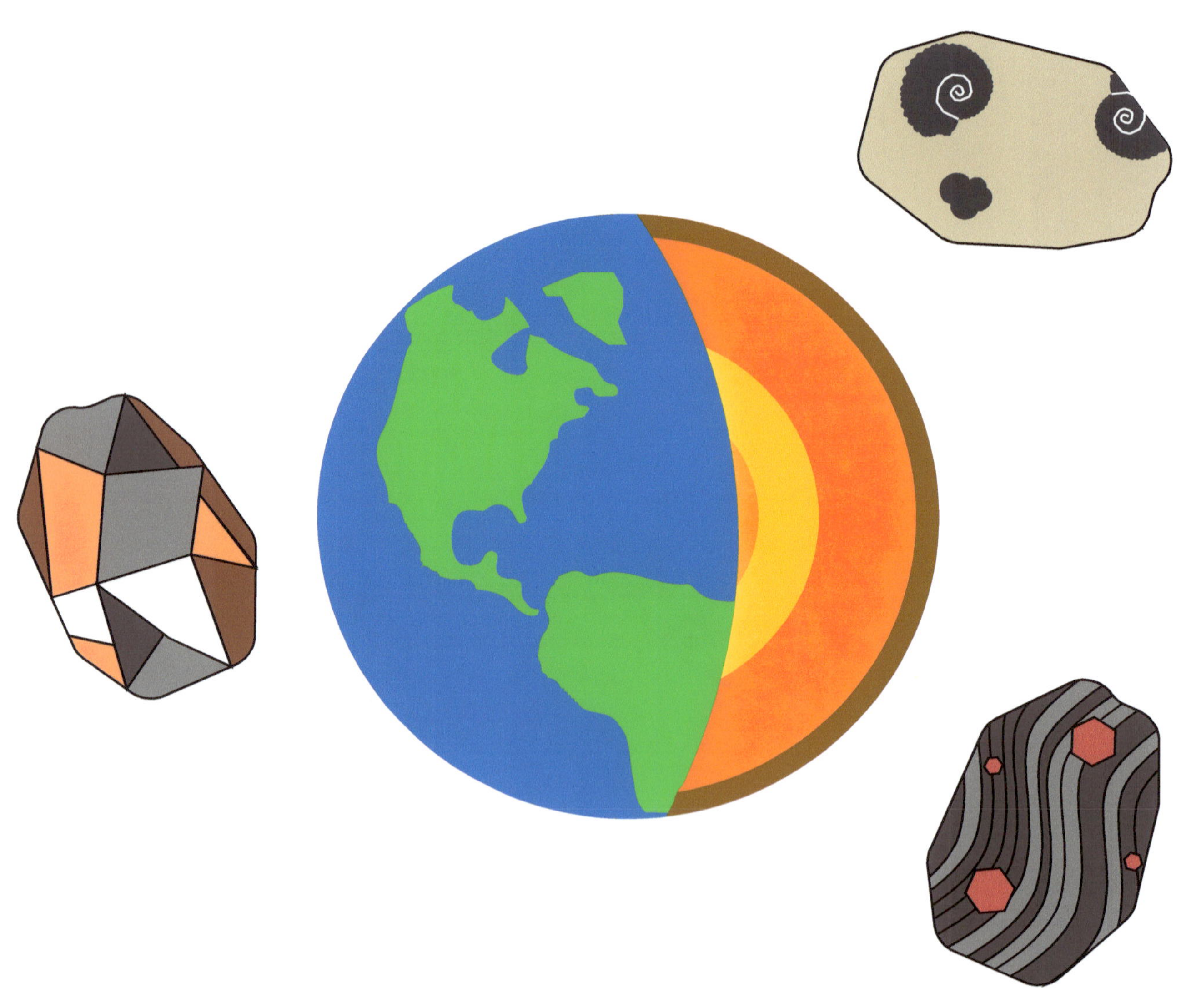

قشرة الأرض الصلبة مبنية من الصخور.

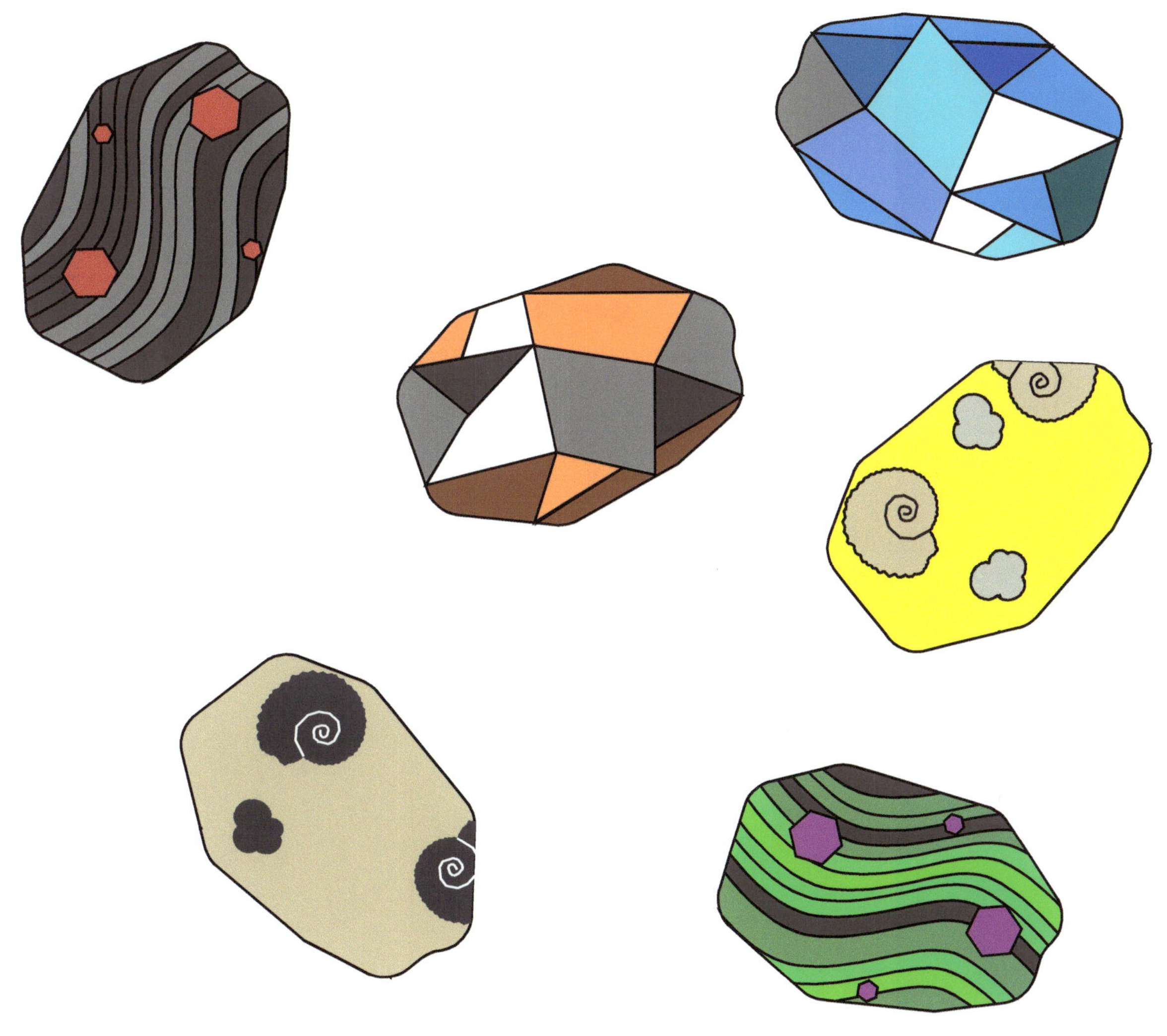

الصخور لها ألوان مختلفة وملمس مختلف.

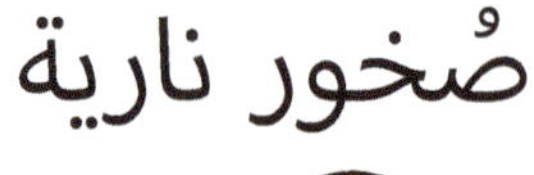

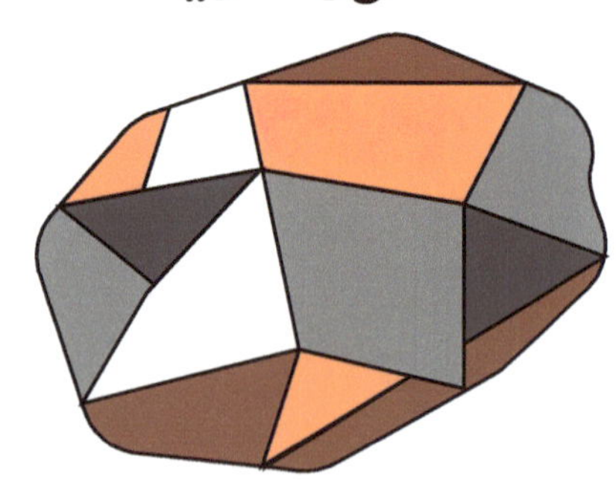

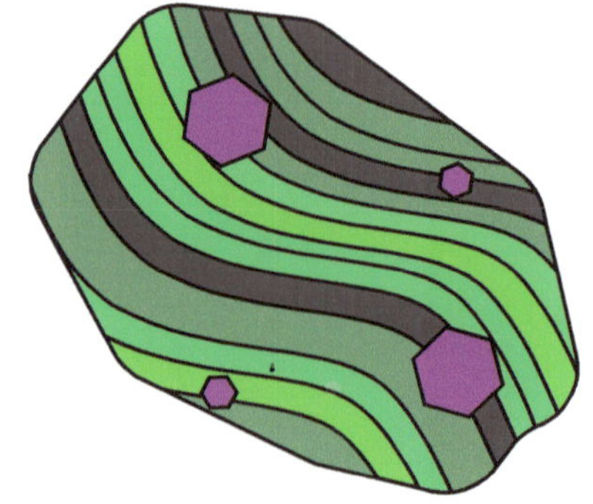

يوجد ثلاثة أنواع من الصخور.

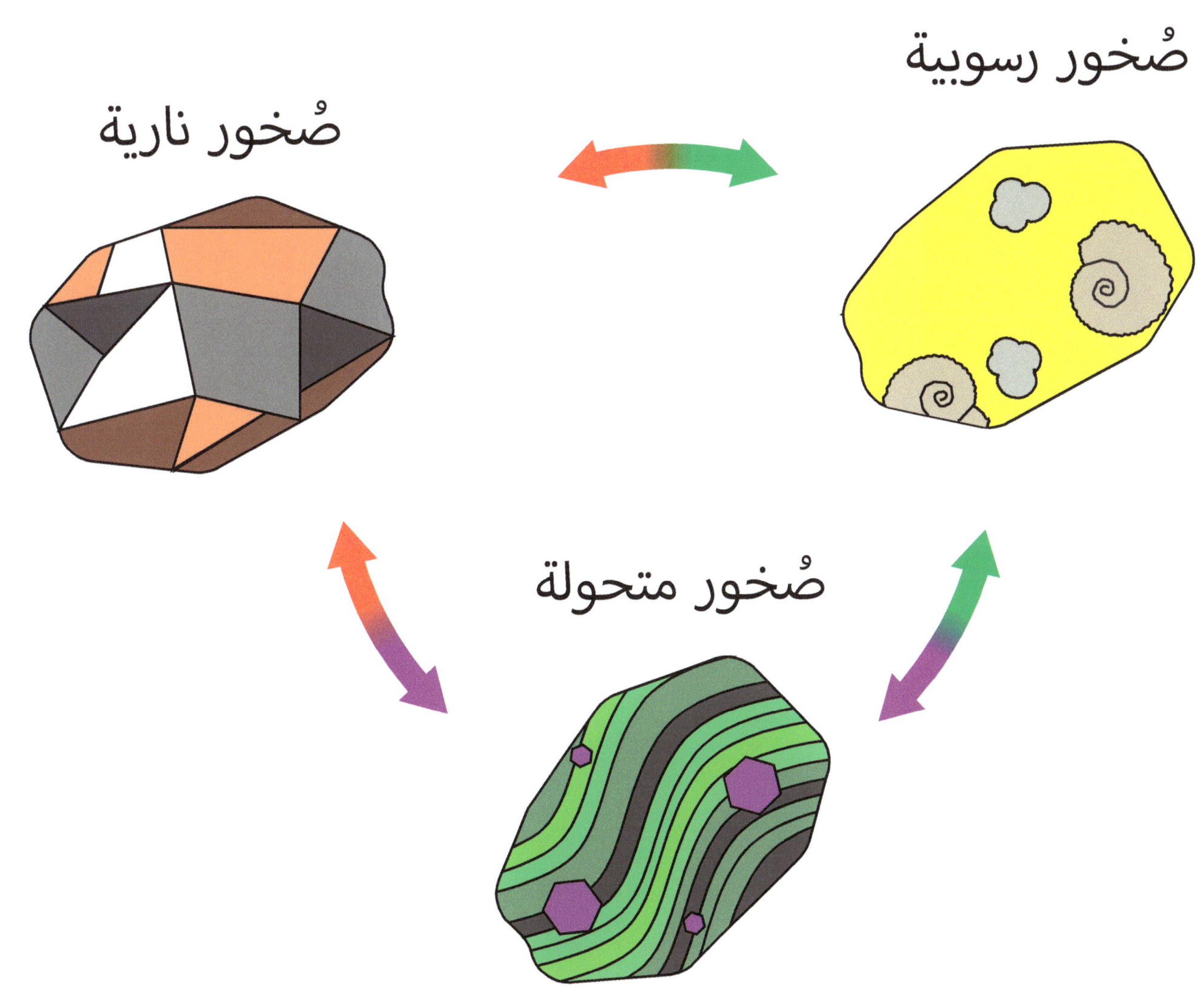

جميع انواع الصخور تشارك في دورة الصخور.

تتكون الصخور المختلفة من معادن مختلفة.

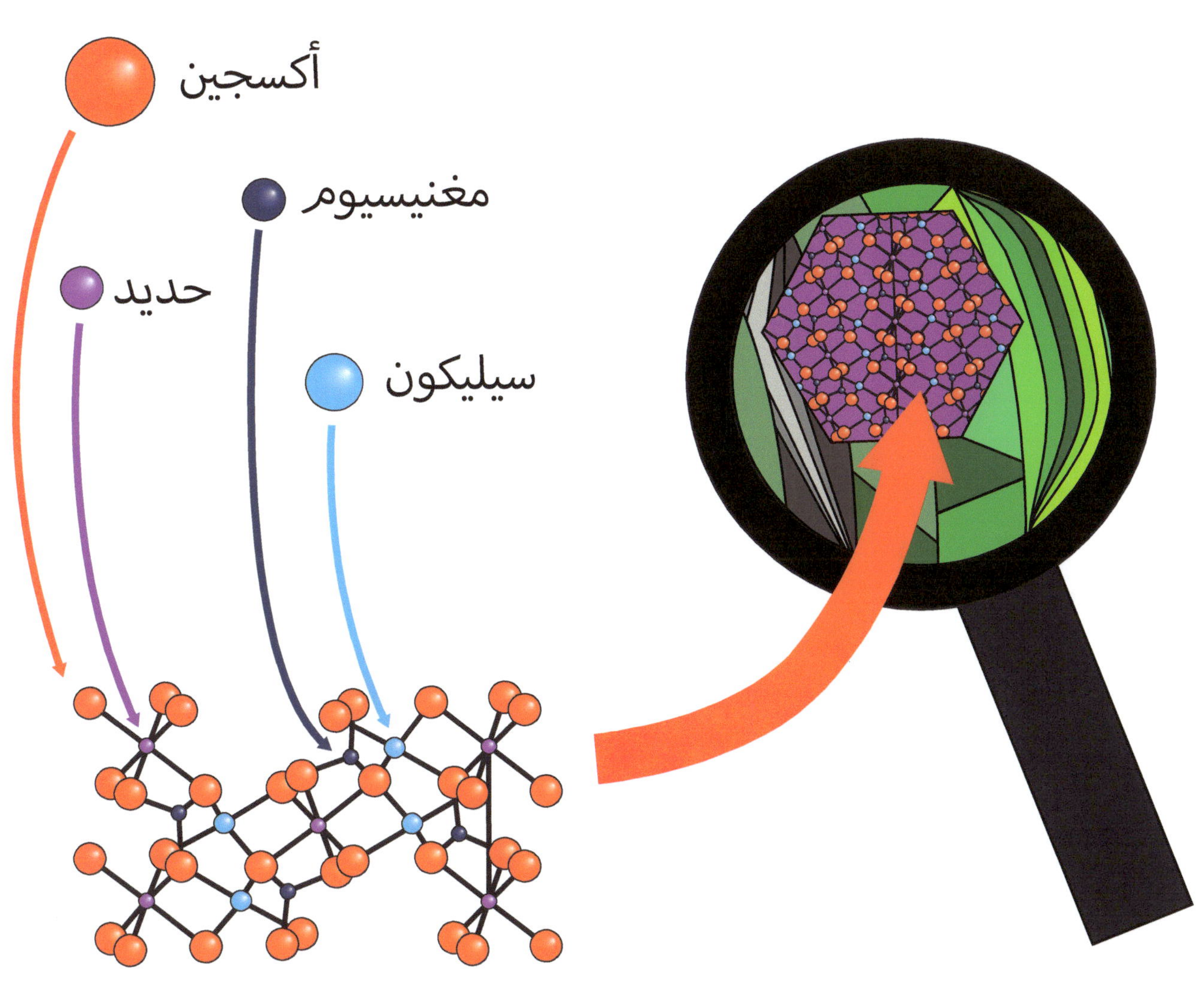

تتكون المعادن من العناصر.

تتشكل الصخور المختلفة في بيئات مختلفة.

عندما تكون الصخور حارة للغاية، فإنها تنصهر.

هذه الماغما (الصُهارة)، بعد الثوران البركاني وخروج الماجما للسطح نسميها الحمم البركانية (اللابة).

تتكون الصخور النارية عندما تبرد الصهارة والحمم البركانية.

عندما تبرد الحمم البركانية (اللابة) بسرعة فأنها تُشكل بلورات صغيرة.

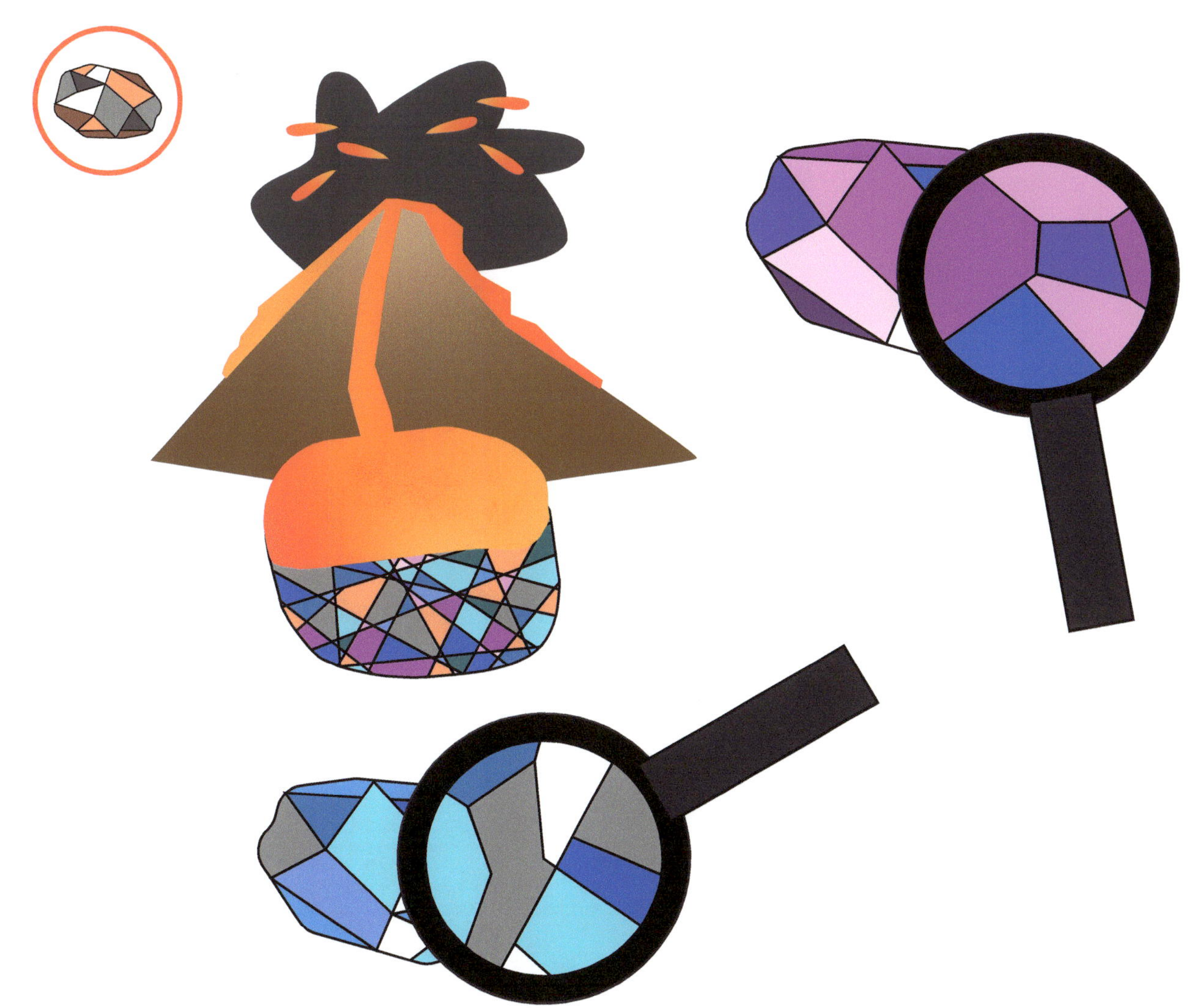

عندما تبرد الصهارة (الماغما) ببطئ فإنها تُشكل بلورات كبيرة.

الصخور المكشوفة لعوامل الطقس تتفتت،
تمر في عمليات تجوية وتُكوّن رسوبيات جديدة.

تتجمع الرسوبيات في عملية التصخر
لِتُكوّن صخور رسوبية جديدة.

تحتوي الصخور الرسوبية
أحيانًا على أحافير.

الأحافير هي بقايا مخلوقات عاشت في الماضي.

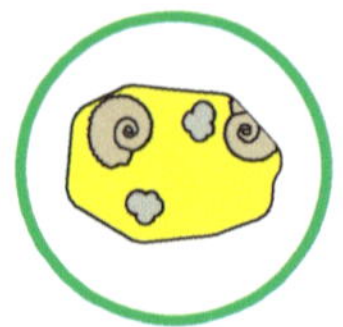

هُنالك أحافير عملاقة!

توريتيلا

تريلوبيت

امونيت

هُنالك أحافير صغيرة!

هُنالك صخور رسوبية ملونة.

واخرى رمادية، سوداء وبيضاء.

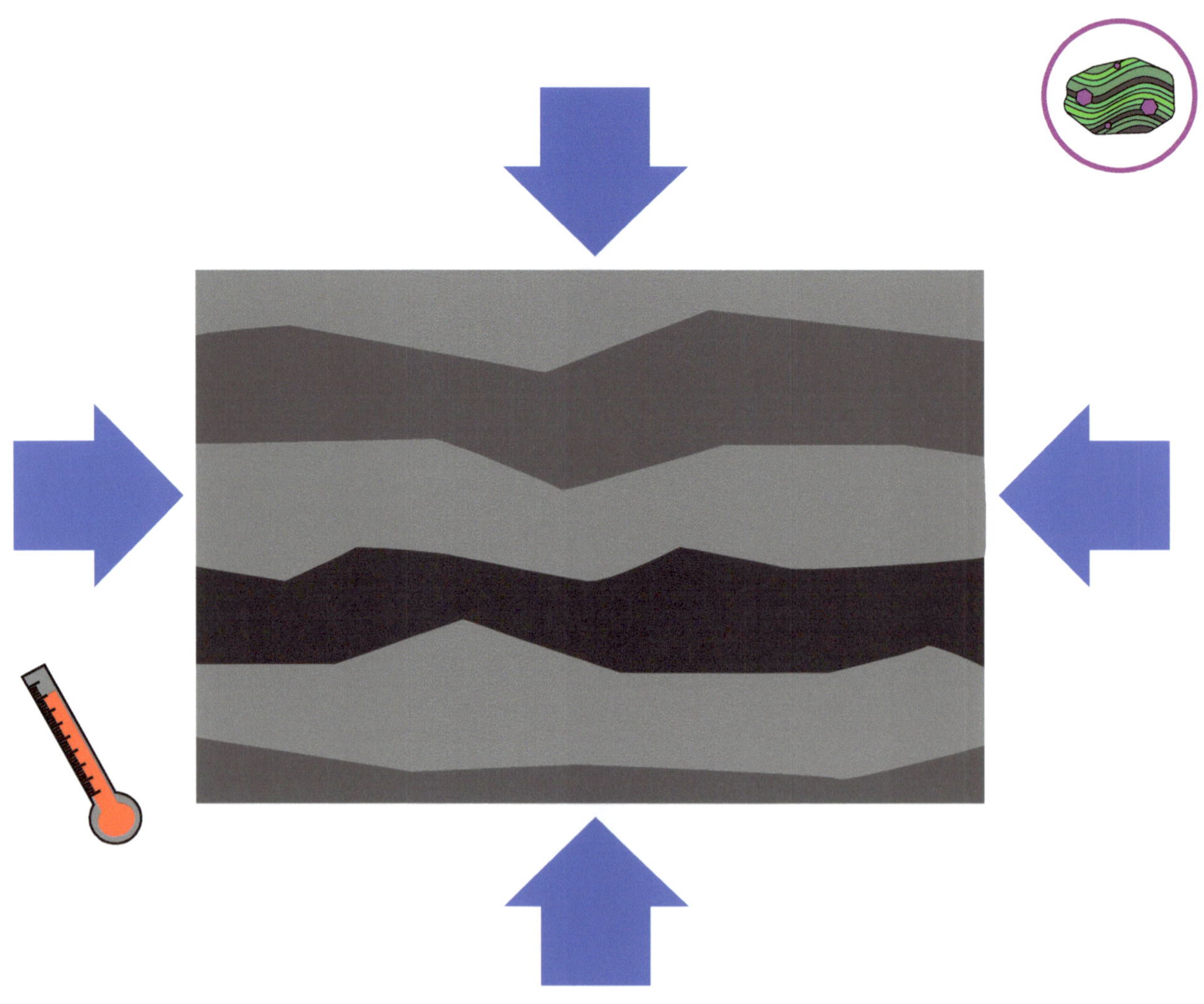

الحرارة والضغط المرتفعين يُغيِّران التركيب المعدني وملمس الصخور.

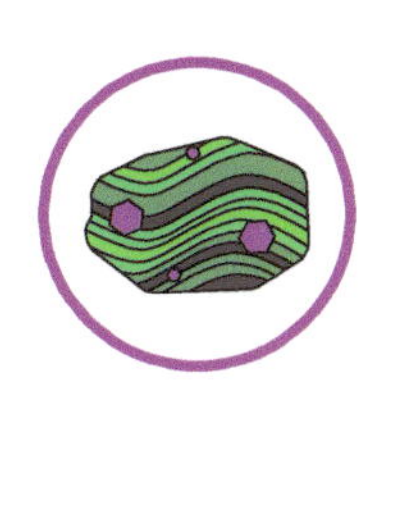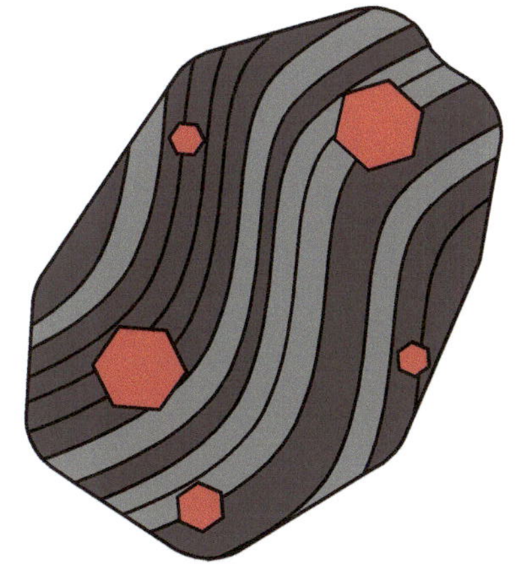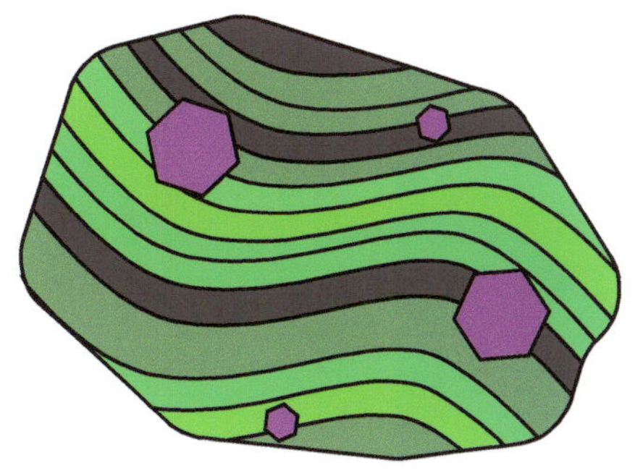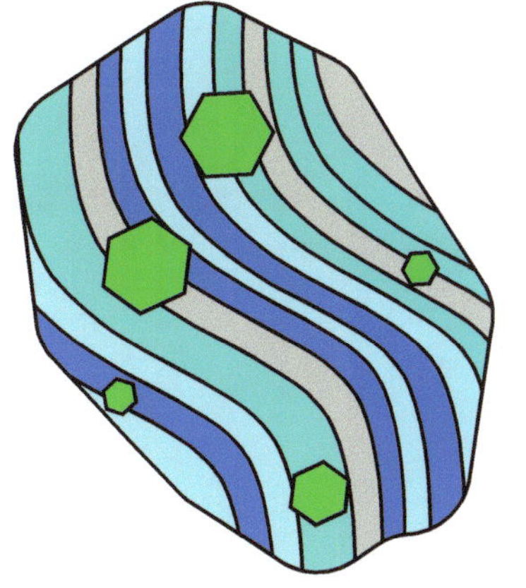

وهكذا تتشكل الصخور المتحولة.

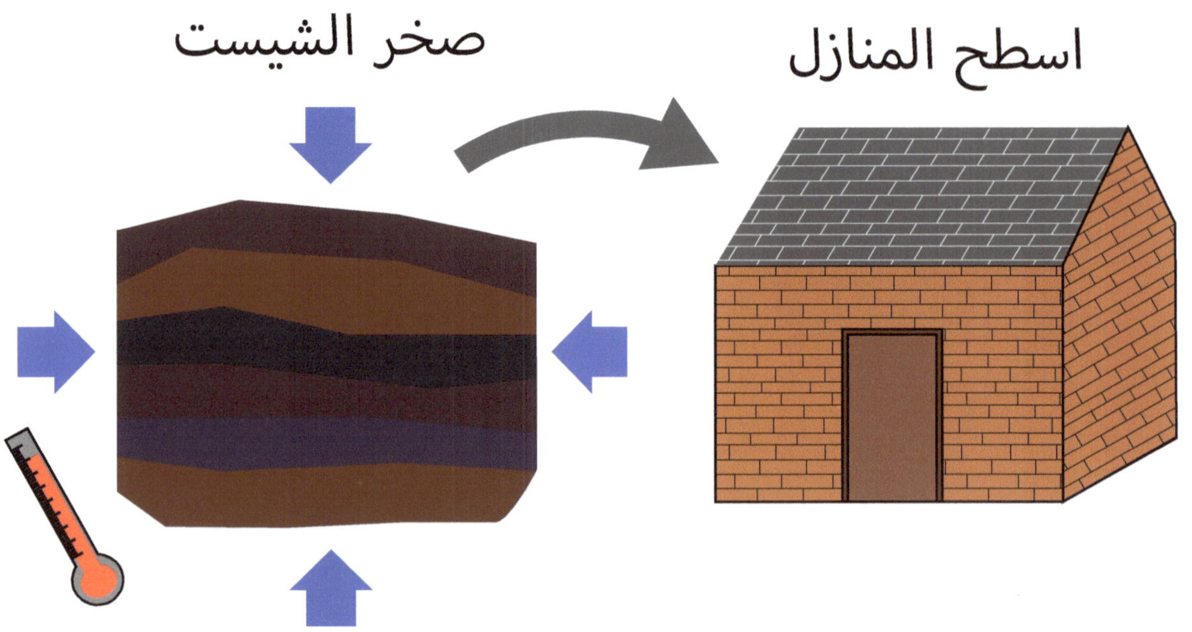

هذه هي الطريقة الي يتم فيها استعمال الصخور المتحولة من نوع شيست لتسقيف اسطح المنازل.

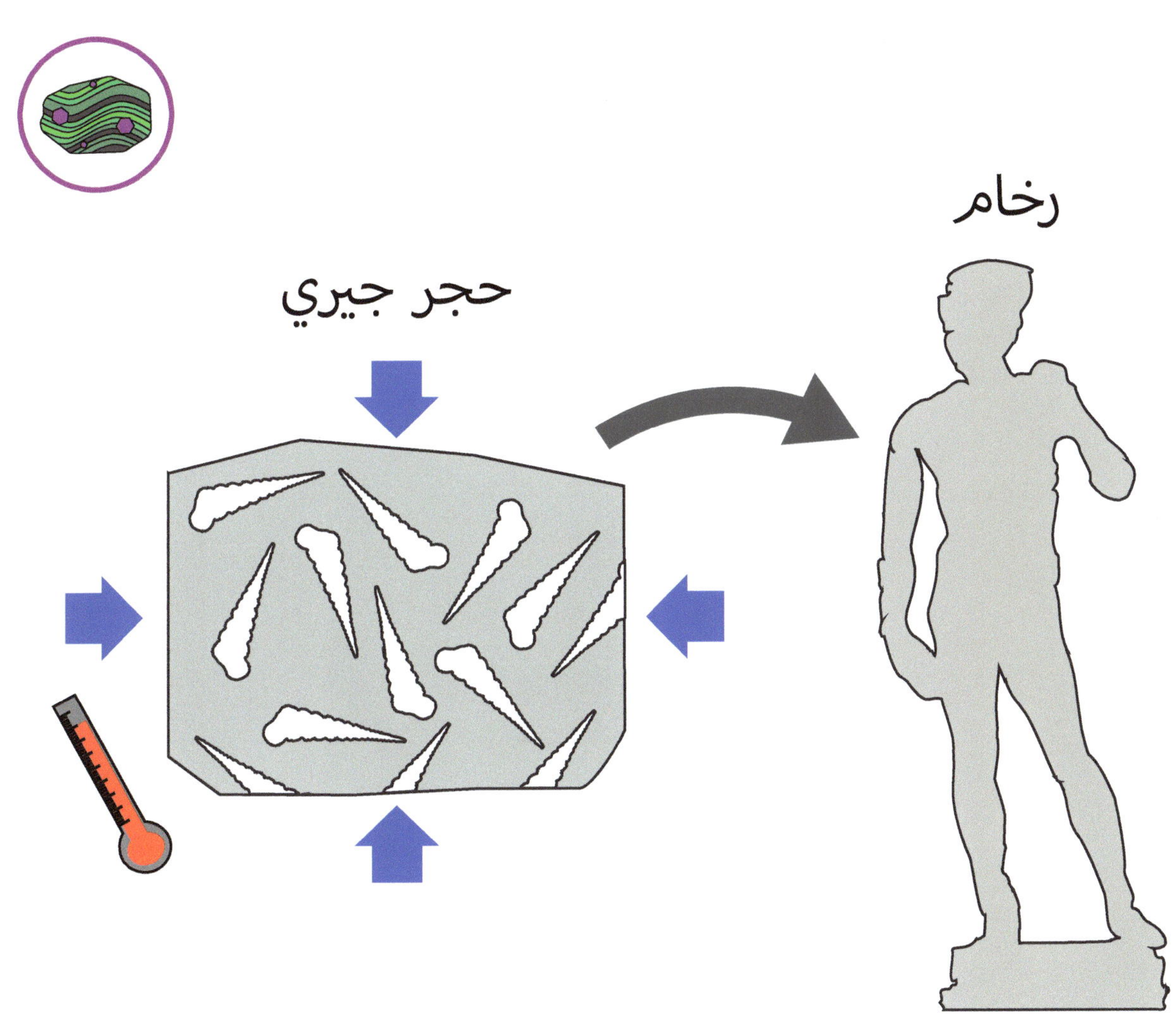

هكذا يتكون الرخام ايضا، اللذي يُستعمل
في فن نحت التماثيل ولتزيين القُصور.

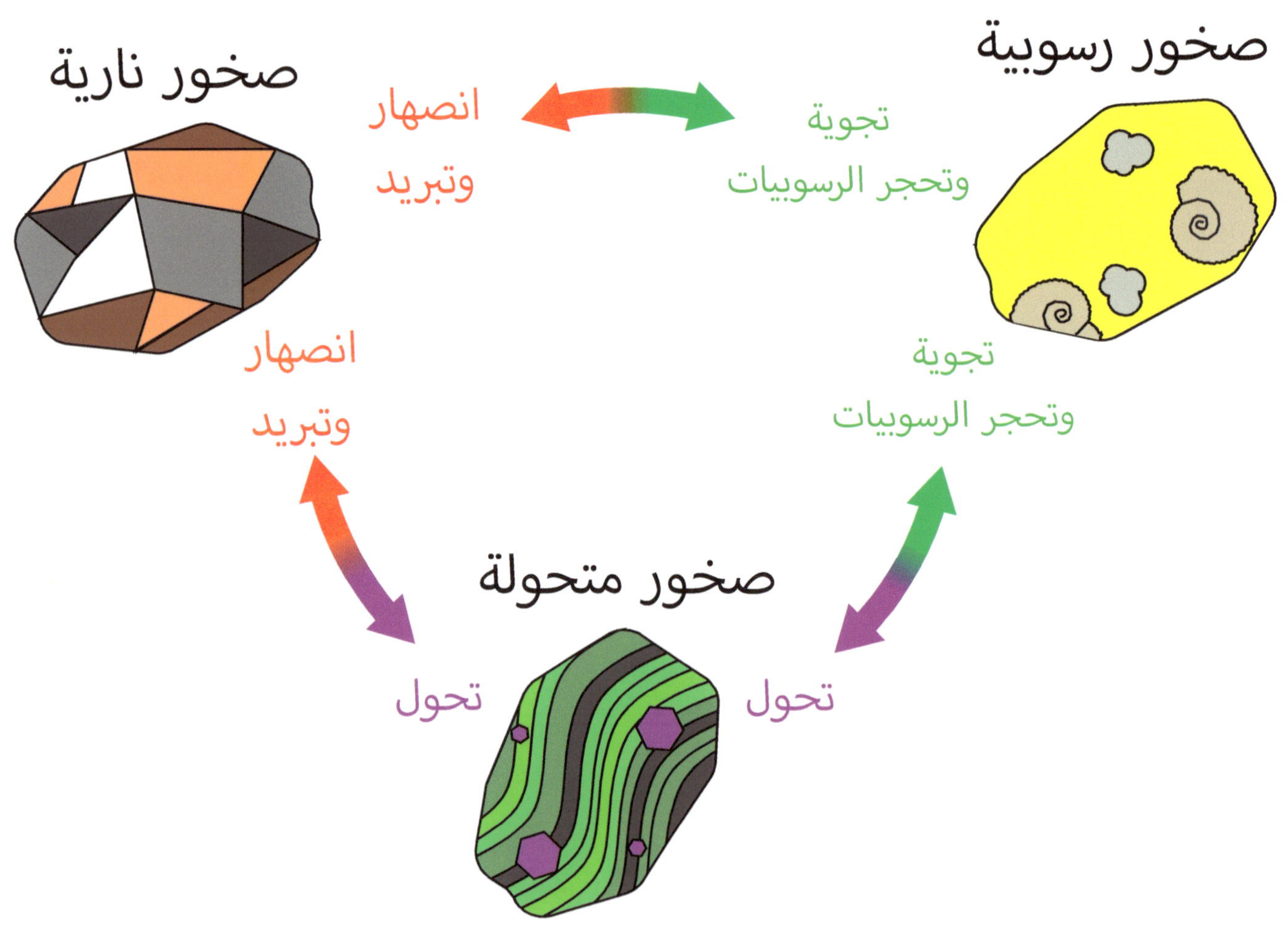

كل الصخور تمر بهذه الدورة الرائعة!

انصهارات ونشاطات بركانية
تحجر الرسوبيات
تحول
هذه هي دورة الصخور!

معجم المصطلحات

أُحْفور (*fossil*) - بقايا مخلوق عاش في الماضي. العظام والأصداف وبصمات الأقدام (الآثار) والشعر والخشب المتحجر أمثلة على الأحافير.

تجوية (*erosion*) - هي عملية تفتت وتحلل الصخور والتربة والمعادن على سطح الأرض أو قربه بواسطة العوامل الجوية السائدة دون نقل الفتات من مكانه.

تحجر الرواسب (*lithification*) - هي العملية التي تتصلب فيها الرسوبيات تحت تأثير الضغط ، وطرد الماء المحتبس فيها، وتصبح حجرا صلدا . وتشمل تلك العملية أساسا عملية كبس المسام والتصلب.

تحول (*metamorphism*) - هو مجموعة العمليات التي يتم من خلالها تحويل شكل الصخر. ويتم أثناء عملية التحوُّل تعديل حجم وشكل وترتيب المعادن في الصخر. ونتيجة لذلك قد تتشكل معادن جديدة أو يزداد حجم المعادن الموجودة أصلاً. ويتسبب الضغط والحرارة في عملية التحوُّل.

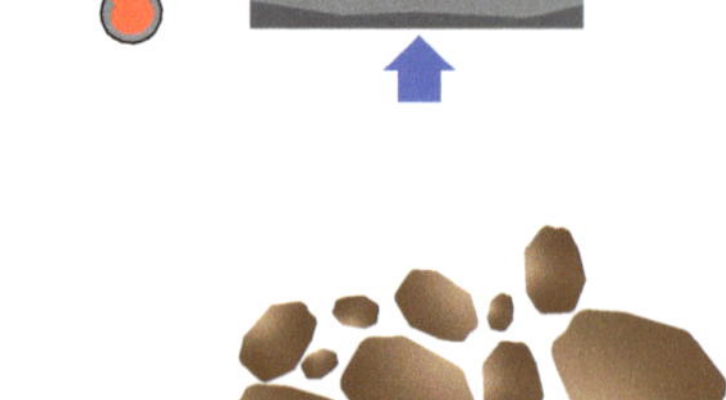

رسوبيات (*sediments*) - أجزاء من الصخور والتربة والحفريات الناتجة عن عمليات التجوية وتنقلها الرياح والمياه والجليد. يعتبر الرمل والطين أمثلة على الرسوبيات التي ستصبح حجرًا رمليًا.

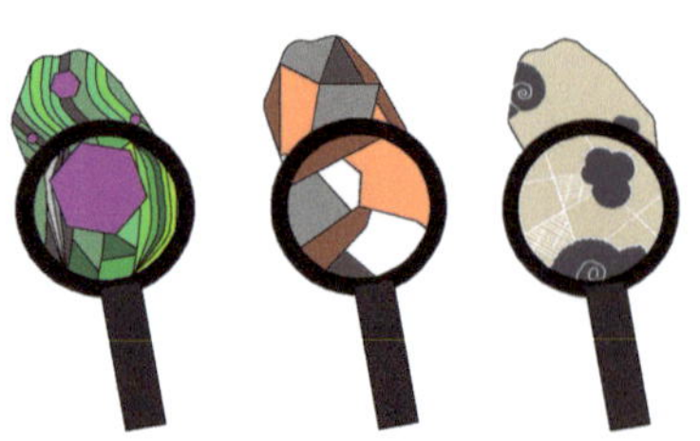

صخر (*rock*) - تراكم صلب للمعادن أو الرسوبيات. جرانيت (*granite*) والحجر الجيري (*limestone*) والطفل الصفحي (*shales*) أمثلة على الصخور.

صخور رسوبية (*sedimentary rocks*) - تشكلت الصخور أثناء عملية تحجر الرسوبيات. يعتمد تكوين ونسيج الصخور الرسوبية على البيئة الي اتت منها الرسوبيات والبيئة الي ترسبت بها من جديد. ومن الأمثلة على الصخور الرسوبية الحجر الجيري (*limestone*) والدولوميت (*dolostone*) الصوان (*chert*) والحجر الرملي (*sandstone*).

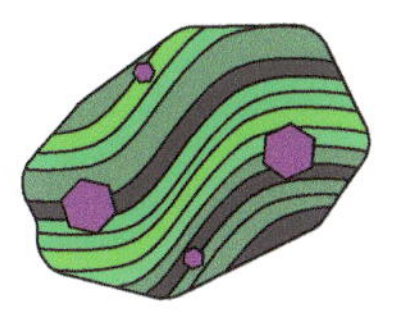

صخور متحولة (*metamorphic rocks*) - تشكلت الصخور في عملية التحول الناتجة ع الحرارة العالية والضغط. أثناء التحول ، تتشكل معادن جديدة في الصخر على حساب المعادن الأصلية التي كانت في الصخر الأصلي. الرخام (*marble*) والحجر السجيل (*slate*) هي أمثلة على الصخور المتحولة.

صخور نارية (*magamtic rocks*) - تشكلت الصخور بعد تبلور ماغمة ولابة أثناء التبريد. الجرانيت (*granite*), غابرو (*gabbro*) والبازلت (*basalt*) أمثلة على الصخور الماغماتية.

عنصر (*element*) - مادة كيميائية تتكون من نوع واحد من الذرات التي تبني جميع المواد المعروفة في الكون. المغنيسيوم والأكسجين والسيليكون أمثلة على العناصر الشائعة في قشرة الأرض.

لابة (*lava*) -الحمم البركانية عند درجة حرارة تتراوح من 1200 إلى 700 درجة مئوية والتي انفجرات من خلال ثوران بركاني الى سطح الارض.

ماغمة (*magma*) - الصخور المنصهرة عند درجة حرارة تتراوح من 700-1200 درجة مئوية والتي لم تنفجر بعد إلى السطح.

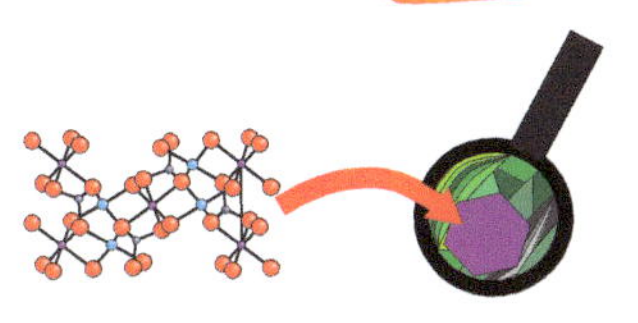

معدن (*mineral*) - مادة صلبة طبيعية ذات تركيبة كيميائية معروفة وهيكل بلوري واضح. كالسيت (*calcite*), أرجونيت (*aragonite*), جارنيت (*garnet*), ومرو (الكوراتز, *quartz*) هي أمثلة على المعادن.